बाघ

बाघ

केदारनाथ सिंह

वाणी
प्रकाशन

प्रकाशन के उत्कृष्टतम 61 वर्ष

सजिल्द पहला संस्करण : 2009
सजिल्द दूसरा संस्करण : 2024

vaniprakashan.com

वाणी प्रकाशन
4695, 21-ए, दरियागंज, नयी दिल्ली-110 002
फ़ोन : + 91 11 23273167, 23275710
शाखाएँ
अशोक राजपथ, पटना-800 004, बिहार
कॉफ़ी हाउस कैम्पस, महात्मा गांधी मार्ग, प्रयागराज-211 001, उत्तर प्रदेश
महात्मा गांधी अन्तरराष्ट्रीय हिन्दी विश्वविद्यालय, वर्धा-442 001, महाराष्ट्र
36/ए, शेक्सपियर सरणी, रानी बिरला गर्ल्स कॉलेज के पास, कोलकाता-700 017, प. बंगाल
sales@vaniprakashan.in
vaniprakashan@gmail.com

BAGH
by Kedarnath Singh

ISBN : 978-93-8101-034-1
Poetry Collections

मूल्य : ₹ 295

आर. टेक ऑफ़सेट प्रिंटर्स, दिल्ली-110032 में मुद्रित

बाघ के बारे में

'बाघ' का लिखना कब शुरू हुआ—ठीक-ठाक याद नहीं। याद है केवल इतना कि नवें दशक के शुरू में कभी हंगरी भाषा के कवि यानोश पिलिंस्की की एक कविता पढ़ी थी और उस कविता में अभिव्यक्ति की जो एक नयी सम्भावना दिखी थी, उसने मेरे मन में पंचतन्त्र को फिर से पढ़ने की इच्छा पैदा कर दी थी। उस कविता में जो एक पशुलोक था—बल्कि एक भोली-भाली पशुगाथा—मुझे लगा कि पंचतन्त्र में उसका एक बहुत पुराना और अधिक आत्मीय रूप पहले से मौजूद है। पंचतन्त्र की संरचना की अपनी कुछ ऐसी ख़ूबियाँ हैं, जो सतह पर जितनी सरल दिखती हैं, वस्तुतः वे उतनी सरल हैं नहीं। हर कालजयी कृति की तरह पंचतन्त्र का ढाँचा भी अपनी आपात सरलता में अननुकरणीय है। पर मुझे लगा कि पंचतन्त्र एक ऐसी कृति है जो एक समकालीन रचनाकार के लिए जितनी चाहे बड़ी चुनौती हो, पर ज़रा-सा रुककर सोचने पर वह सृजनात्मक सम्भावना की बहुत-सी नयी और लगभग अनुद्घाटित परतें खोलती-सी जान पड़ेगी। मुझे यह भी लगा कि एक बार यदि उस ढाँचे की कार्य-कारण-बद्ध शृंखला को थोड़ा ढीला कर दिया जाय तो इस सम्भावना को कई गुना और बढ़ाया जा सकता है। वस्तुतः सृजनात्मक सत्य के इसी नये साक्षात्कार से 'बाघ' का जन्म हुआ था—लगभग आड़ी-तिरछी रेखाओं के बीच घिरे एक शिशु की क्रीड़ा की तरह।

पंचतन्त्र के गुम्फित ढाँचे से निकल कर पहली बार जब बाघ का बिम्ब मेरे मन में कौंधा था, तब यह बिलकुल स्पष्ट नहीं था कि वह एक लम्बी काव्य-शृंखला का बीज-बिम्ब बन सकता है। वस्तुतः पहले टुकड़े के लिखे जाने के बाद ही यह पहली बार लगा कि इस क्रम को और आगे बढ़ाया जा सकता है। फिर तो एक खण्ड के किसी आन्तरिक दबाव से दूसरा खण्ड जैसे अपने-आप बनता गया। कथात्मक ढाँचे की इस स्वतःस्फूर्त प्रजननशीलता से यह मेरा प्रथम काव्यात्मक साक्षात्कार था।

आज का मनुष्य बाघ की प्रत्यक्ष वास्तविकता से इतनी दूर आ गया है कि जाने-अनजाने बाघ उसके लिए एक मिथकीय सत्ता में बदल गया है। पर इस मिथकीय सत्ता से बाहर बाघ हमारे लिए आज भी हवा-पानी की तरह एक प्राकृतिक सत्ता है, जिसके होने के साथ हमारे अपने होने का भवितव्य जुड़ा हुआ है। इस प्राकृतिक

बाघ के साथ—उसकी सारी दुर्लभता के बावजूद—मनुष्य का एक ज़्यादा गहरा रिश्ता है, जो अपने भौतिक रूप में जितना आदिम है, मिथकीय रूप में उतना ही समकालीन है।

इस पूरी काव्य-शृंखला में मेरी एक कोशिश लगातार यही रही है कि बाघ को किसी एक बिन्दु पर इस तरह कीलित न किया जाए कि वह अपनी ऐन्द्रिक मूर्तिमत्ता को छोड़ कर किसी एक विशेष प्रतीक में बदल जाय। इसलिए शृंखला की हर कड़ी में हर बार बाघ एक नये बाघ की तरह आता है—और लगभग हर बार अपने बाघपन के एक नये अनुषंग के साथ। इस कोशिश में मैं कहाँ तक सफल हुआ—या फिर नहीं हुआ—इसके बारे में मैं कुछ नहीं कह सकता। कविता के बारहवें खण्ड में जो कवि त्रिलोचन का सन्दर्भ आया है, उसका आना एकदम आकस्मिक था। पर बाद में लगा—और एक पाठक ने जब पत्र लिखा तो इसकी और भी पुष्टि हुई—कि यह कविता के मिथक-लोक में समकालीन सन्दर्भ का एक अचानक हस्तक्षेप था जो बिना किसी योजना के चुपचाप आ गया था।

'बाघ' के जो अंश पत्र-पत्रिकाओं में पहले प्रकाशित हुए थे, प्रस्तुत पाठ उससे भिन्न है। अन्तिम रूप में पांडुलिपि तैयार करते समय कविता में कुछ और खण्ड जोड़ दिए गए हैं। अब जो कविता पहली बार यहाँ पुस्तकाकार छप रही है, वह कुल इक्कीस छोटे-बड़े खण्डों से मिल कर बनी है। हर कृति का अन्तिम आकार अन्ततः एक चुपचाप रचनात्मक समझौते का परिणाम होता है और बाघ के ये इक्कीस खण्ड भी इसका अपवाद नहीं हैं। फ़िलहाल 'बाघ' के बारे में इससे अधिक कहने के लिए मेरे पास कुछ नहीं है।

18 जनवरी, 1996 **केदारनाथ सिंह**

बाघ

आमुख

बिम्ब नहीं
प्रतीक नहीं
तार नहीं
हरकारा नहीं
मैं ही कहूँगा

क्योंकि मैं ही
सिर्फ़ मैं ही जानता हूँ
मेरी पीठ पर
मेरे समय के पंजों के
कितने निशान हैं

कि कितने अभिन्न हैं
मेरे समय के पंजे
मेरे नाख़ूनों की चमक से

कि मेरी आत्मा में जो खुशी है
असल में वही है
मेरे घुटनों में दर्द

तलवों में जो जलन
मस्तिष्क में वही
विचारों की धमक

कि इस समय मेरी जिह्वा पर
जो एक विराट झूठ है
वही है—वही है मेरी सदी का
सबसे बड़ा सच!

यह लो मेरा हाथ
इसे तुम्हें देता हूँ
और अपने पास रखता हूँ
अपने होठों की
थरथराहट....

एक कवि को
और क्या चाहिए!

दो

आज सुबह के अख़बार में
एक छोटी-सी ख़बर थी
कि पिछली रात शहर में
आया था बाघ!

किसी ने उसे देखा नहीं
अँधेरे में सुनी नहीं किसी ने
उसके चलने की आवाज़
गिरी नहीं थी किसी भी सड़क पर
ख़ून की छोटी-सी एक भी बूँद

पर सबको विश्वास है
कि सुबह के अख़बार में छपी हुई ख़बर
ग़लत नहीं हो सकती
कि ज़रूर-ज़रूर पिछली रात शहर में
आया था बाघ

सचाई यह है कि हम शक नहीं कर सकते
बाघ के आने पर
मौसम जैसा है
और हवा जैसी बह रही है
उसमें कभी भी और कहीं भी
आ सकता है बाघ

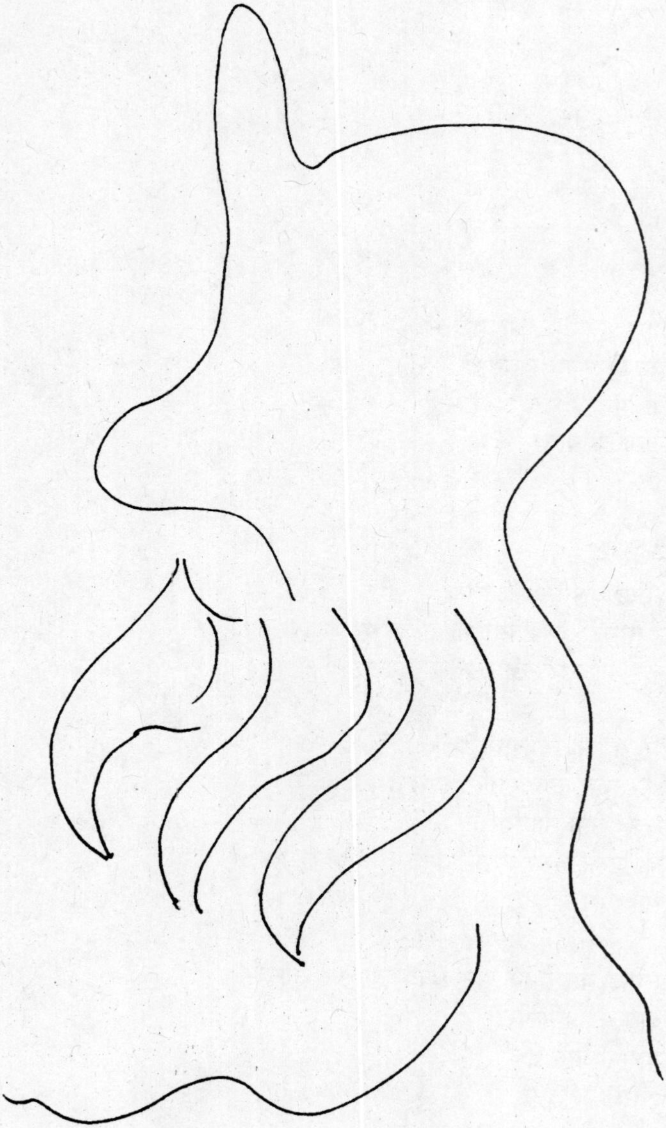

पर सवाल यह है
कि आख़िर इतने दिनों बाद
इस इतने बड़े शहर में
क्यों आया था बाघ?

क्या वह भूखा था?
बीमार था?
क्या शहर के बारे में
बदल गये हैं उसके विचार?

यह कितना अजीब है
कि वह आया
उसने पूरे शहर को
एक गहरे तिरस्कार
और घृणा से देखा

और जो चीज़ जहाँ थी
उसे वहीं छोड़ कर
चुप और विरक्त
चला गया बाहर!

सुबह की धूप में
अपनी-अपनी चौखट पर
सब चुप हैं
पर मैं सुन रहा हूँ
कि सब बोल रहे हैं

पैरों से पूछ रहे हैं जूते
गरदन से पूछ रहे हैं बाल
नखों से पूछ रहे हैं कन्धे

बदन से पूछ रही है खाल
कि कब आयेगा
फिर कब आयेगा बाघ?

तीन

कथाओं से भरे इस देश में
मैं भी एक कथा हूँ
एक कथा है बाघ भी
इसलिए कई बार
जब उसे छिपने को नहीं मिलती
कोई ठीक-ठाक जगह
तो वह धीरे से उठता है
और जा कर बैठ जाता है
किसी कथा की ओट में

फिर चाहे जितना ढूँढो
चाहे छान डालो जंगल की पत्ती-पत्ती
वह कहीं मिलता ही नहीं है
बेचारा भैंसा
साँझ से सुबह तक
चुपचाप बँधा रहता है
एक पतली-सी जल की रस्सी के सहारे
और बाघ है कि उसे प्यास लगती ही नहीं
कि वह आता ही नहीं है
कई-कई दिनों तक
जल में छूटी हुई
अपनी लम्बी शानदार परछाईं को देखने

और जब राजा आता है
और जंगल में पड़ता है हाँका
और तान ली जाती हैं सारी बन्दूकें
उस तरफ़
जिधर हो सकता है बाघ
तो सचाई यह है
कि उस समय बाघ
यहाँ होता है न वहाँ
वह अपने शिकार का ख़ून
पी चुकने के बाद
आराम से बैठा होता है
किसी कथा की ओट में!

चार

इस विशाल देश के
धुर उत्तर में
एक छोटा-सा खँडहर है
किसी प्राचीन नगर का
जहाँ उसके वैभव के दिनों में
कभी-कभी आते थे बुद्ध
कभी-कभी आ जाता था
बाघ भी

दोनों अलग-अलग आते थे
अगर बुद्ध आते थे पूरब से
तो बाघ का क्या
कभी वह पश्चिम से आ जाता था
कभी किसी ऐसी गुमनाम दिशा से
जिसका किसी को
आभास तक नहीं होता था

पर कभी-कभी दोनों का
हो जाता था सामना
फिर बाघ आँख उठा
देखता था बुद्ध को
और बुद्ध सिर झुका
बढ़ जाते थे आगे

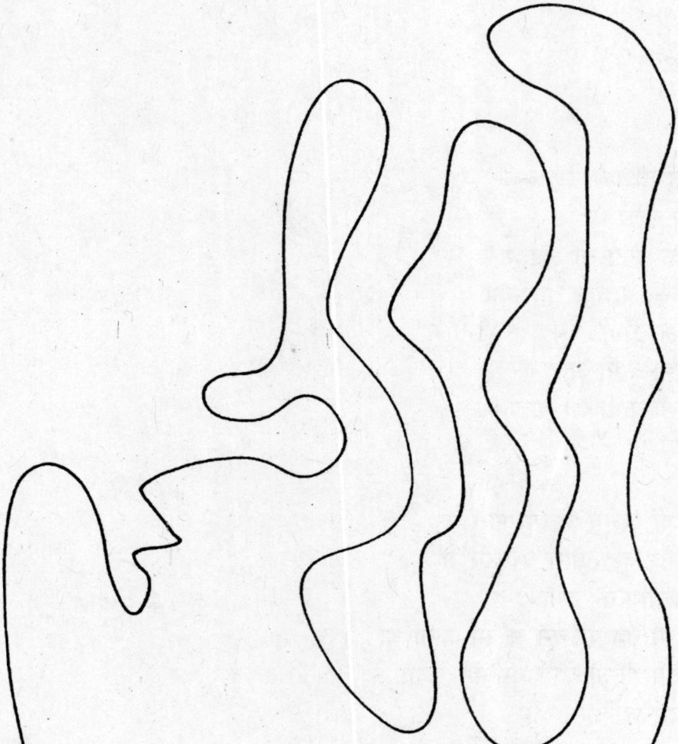

इस तरह चलता रहा
महान जीवन उस छोटे-से नगर का
बुद्ध की करुणा
और बाघ के आतंक की
एक-दूसरे को काटती हुई
दोहरी छाया में

वहाँ लोगों का ख़याल था
कि बुद्ध समझते हैं
बाघ की भाषा
पर बेचारे बाघ के लिए
बुद्ध की पाली
घास की तरह सुन्दर थी
और एकदम अखाद्य

इस तरह दोनों के बीच
एक अजब-सा रिश्ता था
जहाँ एक ओर भूख ही भूख थी
दूसरी ओर करुणा ही करुणा
और दोनों के बीच
कोई पुल नहीं था

पर कभी-कभी रातों में
जब हिमालय की चोटियों पर
गिरती थी बर्फ़
और नगर में चलती थीं तेज़ हवाएँ
तो नगर-वासी सोचते थे—
इसी झोंके में कहीं सिहरते होंगे बुद्ध
और कितना अजब है
कि इसी झोंके में
कहीं हिलता होगा बाघ भी!

पाँच

एक सुन्दर और विशाल ट्रैक्टर
वहाँ खेत में खड़ा था
दिन-भर चलने के बाद
वह इतना थक चुका था
कि इस समय अपनी परछाईं की माप से
छोटा था न बड़ा
वह सिर्फ़ वहाँ खड़ा था

डूबते हुए सूर्य की लाल-लाल किरणें
एक लम्बे बबूल के काँटों से छन कर
सीधे उसके इंजन पर पड़ रही थीं

और बाघ चूँकि कहीं भी हो सकता है
इसलिए उस समय वह एक गन्ने के खेत में था
और यह सब कुछ देख रहा था

जब उससे रहा न गया
तो वह वहीं से दहाड़ा–
'भई, वाह
अद्भुत!'

उसे ट्रैक्टर
एक विराट दाने की तरह लगा
हराई में पड़ा हुआ

एक पुख़्ता लाल दमकता हुआ दाना
और बाघ ने सोचा अब मज़ा आयेगा–
क्योंकि अब जैसा कि होता है एक बुढ़िया आयेगी–
जो दाने को उठा कर
रख लेगी झोली में
ले जायेगी घर
और डाल लेगी अपनी अँधेरी
खुदबुदाती हुई बटुली में

फिर उसने एक दबी हुई ईर्ष्या से
नीचे से ऊपर तक
ग़ौर से देखा समूचे ट्रैक्टर को
और ख़ुद-ब-ख़ुद
एक बुढ़िया की बटुली में
पकने की इच्छा से
हो गया लाल!

छह

'ये आदमी लोग
इतने चुप क्यों रहते हैं आजकल?'—
एक दिन बाघ ने लोमड़ी से पूछा
लोमड़ी की समझ में कुछ नहीं आया
पर उसने समर्थन में सिर हिलाया
और एकटक देखती रही बाघ के जबड़ों को
जिनसे अब भी ताज़ा ख़ून की गन्ध आ रही थी
फिर कुछ देर बाद कुछ सोचते हुए बोली—
'कोई दुख होगा उन्हें'

'कैसा दुख?'
बाघ ने तड़प कर पूछा
'यह मैं नहीं जानती
पर दुख का क्या
वह हो ही जाता है कैसे भी'
लोमड़ी ने उत्तर दिया

'हो सकता है
उन्हें कोई काँटा गड़ा हो!' बाघ ने पूछा

'हो सकता है
पर हो सकता है आदमी ही
गड़ गया हो काँटे को'
लोमड़ी ने धीरे से कहा

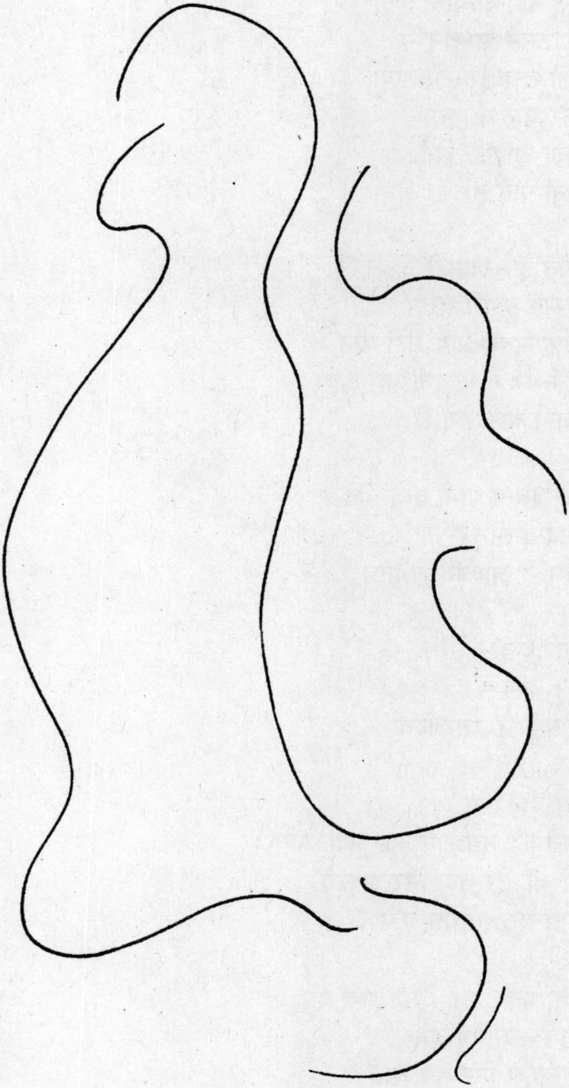

अबकी बाघ की समझ में
कुछ नहीं आया
पर उसने समर्थन में
उसी तरह सिर हिलाया
फिर धीरे से पूछा—
'क्या आदमी लोग
पानी पीते हैं?'

'पीते हैं'—लोमड़ी ने कहा—
'पर वे हमारी तरह
सिर्फ़ सुबह-शाम नहीं पीते,
दिन-भर में जितनी बार चाहा
उतनी बार पीते हैं'

'पर इतना पानी क्यों पीते हैं
आदमी लोग?'
बाघ ने आश्चर्य से पूछा

'वही दुख—
मैंने कहा न!'
लोमड़ी ने उत्तर दिया

इस बार फिर
बाघ की समझ में कुछ नहीं आया
पर वह देर तक सिर झुकाये
उसी तरह सोचता रहा

यह 'दुख' एक ऐसा शब्द था
जिसके सामने बाघ
बिलकुल निरुपाय था।

सात

एक जलती दोपहरी में
बाघ ने देखा एक अद्‌भुत दृश्य
उसने देखा कि एक विशाल वटवृक्ष के नीचे
एक पक्षी और मनुष्य
अपने डैने और कुल्हाड़ी
अलग-बग़ल रख कर
निर्भय सुस्ता रहे हैं

पहले वह ग़ुर्राया
फिर हो गया चुप
क्योंकि उसने सुना
वह बूढ़ा वटवृक्ष आदमी के कानों के पास झुक कर
धीरे-धीरे गा रहा था
एक बहुत पुराना गीत
जो शायद किसी राजा के बारे में था
जिसकी रानी जंगल में खो गयी थी

फिर बाघ
हिला न ग़ुर्राया
बस उसी तरफ़ मुँह किये
देर तक खड़ा रहा
मुग्ध
अवाक!

आठ

मैं एक स्त्री को जानता हूँ
जो एक छोटे-से शहर में रहती थी
उसके पास ढेरों कहानियाँ थीं
बाघ के बारे में और नदियों के बारे में
और उन बहुत-से शहरों के बारे में
जिनके नाम किताबों में नहीं कहीं मिलते

उसका विश्वास था
कि बाघ एक जादू है
और इतना विकट
कि अँधेरे में नाम लो
तो हो जायेगा प्रकट!

उसका ख़याल था
कि यह जो प्यार है
यह जो हम करते हैं एक-दूसरे से
या फिर नहीं करते
यह भी एक बाघ है
और इतना क़रीब
कि ध्यान से सुनो
तो तुम अपनी छाती में सुन सकते हो
उसके भारी पंजों के चलने की आवाज़

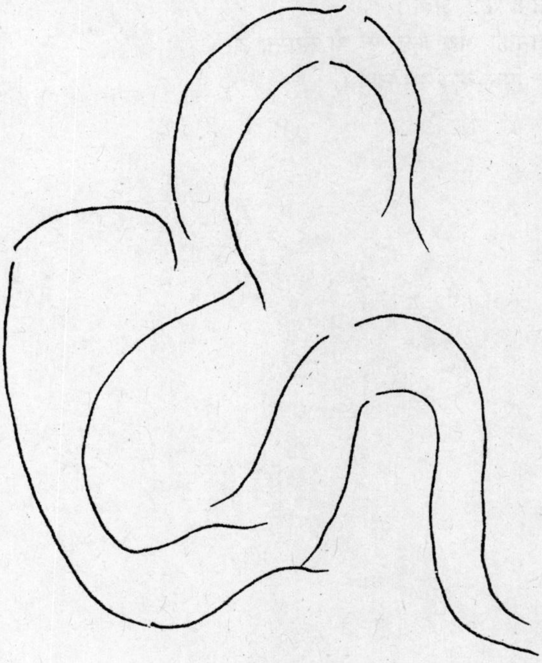

इसलिए अँधेरे में
वह ज़्यादातर चुप रहती थी
ज़्यादातर थरथराती रहती थी वह
यदि कुछ कहना हुआ
तो उसके काँपते हुए होठ
धीरे-धीरे बोलते थे
सिर्फ़ कुछ शब्द
जिनका अर्थ कुछ भी हो सकता था
या फिर कुछ भी नहीं।

नौ

उस दिन बाघ को
लिखना सिखाया जा रहा था
कहाँ
कौन-सी पाठशाला में
यह बताना मेरे लिए बहुत मुश्किल है
काठ की एक बहुत बड़ी काली पटिया
उसके सामने रखी थी
जिस पर लोमड़ी ने कहा
लिखो—'ईश्वर'

बाघ ने कुछ सोचा
और धीरे से लिख दिया
एक बहुत बड़ी-सी
चीख़-जैसा लम्बा और टेढ़ा-मेढ़ा 'ई'

लोमड़ी ने कहा—ठीक
अब लिखो 'श्व'
बाघ पड़ गया मुश्किल में
उसके दाढ़ के नीचे कहीं दबा था 'श्व'
जो निकल नहीं रहा था

लोमड़ी चिल्लायी—
लिखो, लिखो

बाघ उसी तरह रुका रहा
और पटिया की कोर पर
चुपचाप झुका रहा

लोमड़ी चिल्लायी–
'श्व' मैं कहती हूँ लिखो 'श्व'

इस बार बाघ ने कुछ कोशिश की
गला साफ़ किया
और जैसे-तैसे लिख दिया 'श'

लोमड़ी ने सुधारा–
पूरा नहीं आधा
सिर्फ़ आधा लिखो 'श'
बाघ कुछ देर तक
काटता रहा
लिखता रहा

लिखता रहा
काटता रहा
फिर हार कर बोला–
नहीं, नहीं, मुझसे लिखा नहीं जायेगा
देर तक अख़-अख़ करता रहा बाघ

उसकी आँखों में एक अजब-सी
पीड़ा-भरी चमक थी
जैसे लड़ते-लड़ते
पहली बार
पछाड़ खा गया हो!

दस

उस दिन बाघ
रोता रहा रात-भर
सबसे पहले एक लोमड़ी आयी
और उसने पूछा
रोने का कारण
फिर ख़रगोश आया
भालू आया
साँप आया
तितली आयी
सब आये
और सब पूछते रहे
रोने का कारण
पर बाघ हिला न डुला
बस रोता रहा
रात-भर

प्यास लगी
वह रोता रहा
भूख लगी
वह रोता रहा
चाँद निकला
वह रोता रहा
तारे डूबे

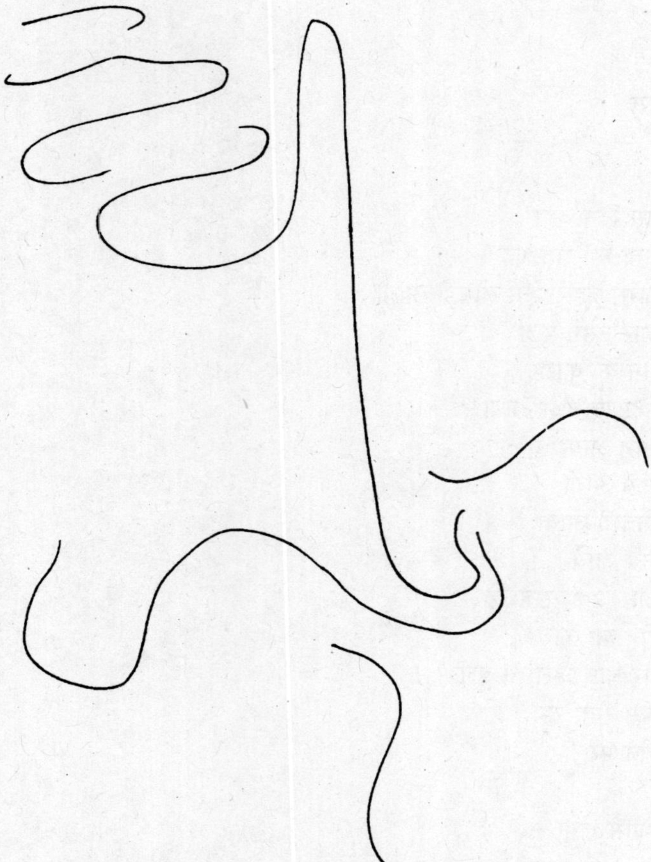

वह रोता रहा
कौआ बोला
वह रोता रहा
दूर कहीं मन्दिरों में
बजने लगे घण्टे
वह रोता रहा...

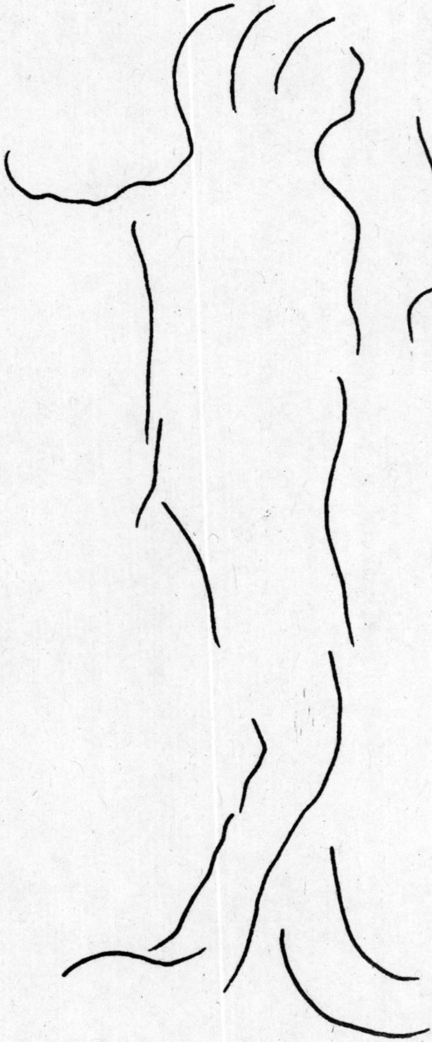

ग्यारह

वर्तमान
वर्तमान
और एक निरन्तर वर्तमान में रहते-रहते
जब एक दिन ऊब गया बाघ
तो उसने धीरे से ख़रगोश को पास बुलाया
और पाया वह थर-थर काँप रहा है
उसकी छोटी-सी देह पर
जो उभरे थे रोएँ
मुलायम और सफ़ेद
उन्हें बाघ ने छुआ
और अन्दर कहीं बहुत ज़्यादा खुश हुआ
उसे लगा कि यह एक नयी बात है
कि इस तरह जो है
कि जो फैला है उसके आस-पास
और उसके चारों ओर
कि जहाँ दिन-रात रहने और ग़ुर्राने के सिवा
कोई उपाय नहीं है उसके पास
उसके बाहर जाया जा सकता है
देखा जा सकता है सूर्यास्त
और सूर्योदय के आर-पार
पहाड़ का मस्तक फाड़ कर
लाया जा सकता है नदी को
समूचा उठा कर
ठीक अपने जबड़ों की प्यास के क़रीब

फिर ज़रा रुक कर
उसने कुछ सोचा
जैसे उसके कान
उस महीन-सी चीख़ को
पकड़ने की कोशिश कर रहे हों
जो हवा में उठ रही थी
फिर उसी तरह उन नरम-नरम रोओं में
अपने नखों को फिराता रहा
और उस मुलायम-सी देह को
इस तरह सहलाता रहा
जैसे उसकी जीभ
उस अद्‌भुत कोमलता का
स्वाद ले रही हो।

बारह

सवेरे-सवेरे
एक बच्चा रो रहा था
उसके हाथ से गिर कर
अचानक टूट गया था
उसका मिट्टी का बाघ
एक छोटा-सा सुन्दर बाघ
जो तारों से लड़ चुका था
जो लड़ चुका था चाँद और सूरज
और समुद्री डाकुओं से
ठीक उसकी आँखों के आगे
उसक हाथ से गिरा
और खट् से टूट गया

और अब वह रो रहा था
क्योंकि अब वह हैरान था
कि दुनिया की सबसे ताक़तवर चीज़
कितनी आसानी से गिरी
और टूट गयी

सुनहली धूप में
उसकी आँसू-भरी आँखें
अब भी टिकी थीं
अपने गिरे हुए बाघ पर
कि अचानक उसे लगा

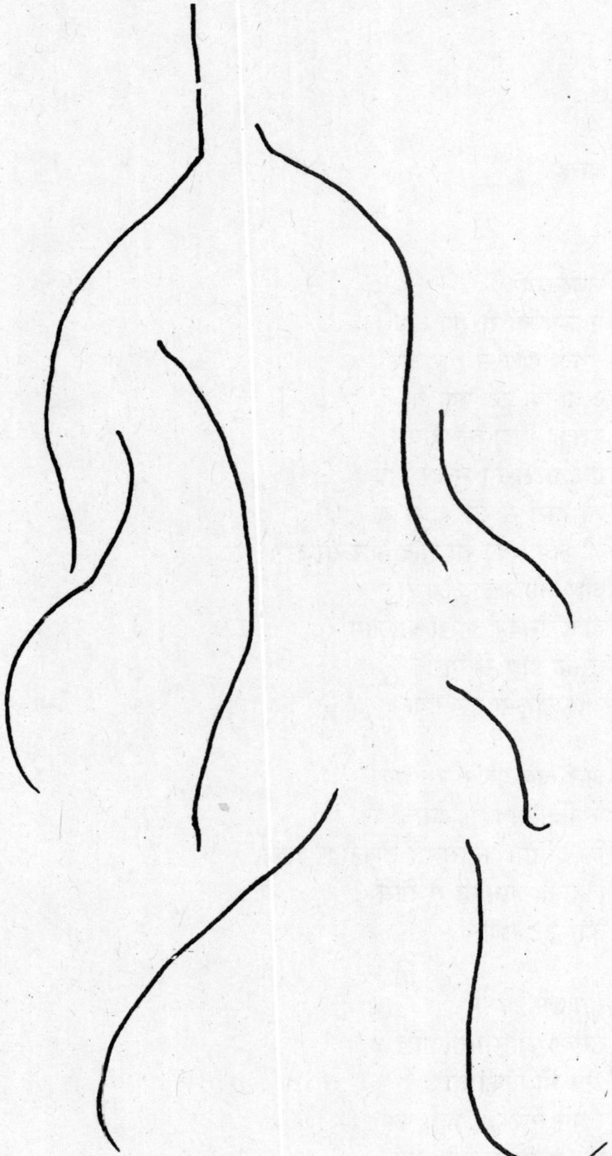

कि बाघ ज़रा हिला
अपने टुकड़ों के भीतर से तिलमिला हुआ उठा
और देखते-देखते
छलाँग लगा खिड़की से
चला गया बाहर

अब क्या किया जाय
मैं सोच ही रहा था
कि मुझे सड़क पर दिख गये
कवि त्रिलोचन

मैंने कहा—'शास्त्री जी,
बच्चा रो रहा है,
कुछ तो करना होगा'

बोले—'चलो, ले आते हैं
दूसरा बाघ'
मैंने कहा—'नहीं, वह ज़िद पर अड़ा है
उसे चाहिए वही
और सिर्फ़ वही बाघ
जोकि टूटने से पहले वह था'

वे हिले
फिर उनकी आँखों में आ गयी
एक अद्‌भुत चमक
बोले—'चलो, वही लाते हैं'

मैंने पूछा—'वही!
वही कहाँ मिलेगा?'
'मिलेगा'—उन्होंने कहा—
'कहीं न कहीं

किसी कुम्हार की आँखों में
होगा ज़रूर
जस का तस'

मैंने शक नहीं किया
हो लिया उनके साथ
तब से कितना समय बीता
हम अब भी चल रहे हैं
आगे-आगे कवि त्रिलोचन
पीछे-पीछे मैं
एक ऐसे बाघ की तलाश में
जो एक सुबह धरती पर गिर कर
टूट जाने से पहले
वह था।

तेरह

वे चली जा रही थीं
स्वाद और नींद से लदी बैलगाड़ियाँ
और बाघ उन्हें देख रहा था
वह नहीं जो मुझे एक दिन मिला था
किसी कवि की कविता में
बल्कि एक ज़िन्दा और सुच्चा बाघ
वहाँ चुपचाप खड़ा था
और देख रहा था
जाती हुई बैलगाड़ियों को

वह उन्हें पहले भी देख चुका था कई बार
वे हमेशा इसी तरह जाती थीं
बस्ती से शहर की ओर
कुछ-न-कुछ ढोती हुईं
और अपने हिस्से की ज़मीन
लगातार-लगातार खोती हुई बैलगाड़ियाँ

इस बार जाती हुई बैलगाड़ियों से
उसे हो गया प्यार
उसे अच्छे लगे गोल-गोल
घूमते हुए पहिये
उसे साँस की तरह लगी
वह धीमी-धीमी गति

जोकि पहियों से झर रही थी
वह खड़ा-खड़ा
एकटक देखता रहा
जाती हुई बैलगाड़ियों को
'मुझे कुछ करना चाहिए
कुछ करना चाहिए'—
वह सोचता रहा बार-बार
जबकि उसके देखते-देखते
एक अनन्त ढलान से लुढ़कती हुई
ढचर-ढचर चली जा रही थीं
बैलगाड़ियाँ

वे चली जा रही थीं
पेड़ों की खोखल
और नदियों की दाढ़ में
पानी की चमक
और सरसों की साँय-साँय में
चली जा रही थीं वे...

चौदह

आज धुआँ नहीं उठ रहा था
पूरब या पश्चिम
कहीं से भी
शाम हो रही थी
और बाघ हैरान-परेशान
कि क्या हुआ क्या हुआ
क्यों नहीं उठ रहा धुआँ

उसे पता था
कि जिधर से भी उठता है धुआँ
उधर होती है बस्ती
उधर रँभाती है गायें
उधर होते हैं गरम-गरम घर
उधर से आती है आदमी के होने की गन्ध

आज पहली बार
उसे धुएँ के न उठने से
बस्ती के न होने का शक हो रहा था

जाने कैसा-कैसा
लग रहा था बाघ को
न बैठे रहने का मन
न छलाँग मारने की हुमस

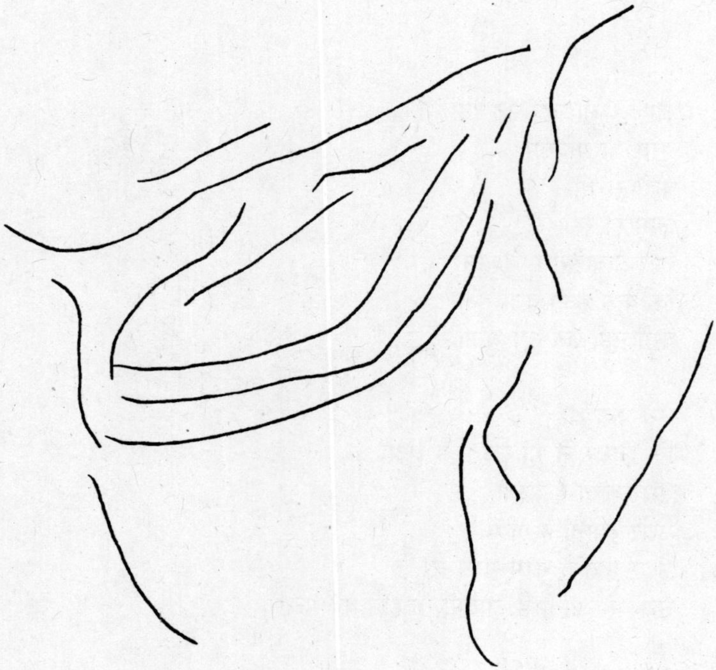

सब कुछ था
पेड़ों पर पत्ते
नदी में पानी
हिरनों में गोश्त
सब कुछ था
सिर्फ़ धुआँ नहीं उठ रहा था।

पन्द्रह

एक रात जब भयानक ठण्ड थी
बाघ ने देखी
कहीं जलती हुई आग

आग एक घर के
अन्दर जल रही थी
और झाड़ियों से घिरा वह घर
एक बँगला था जहाँ से आ रही थी
किसी परिचित लकड़ी के
जलने की गन्ध

वह गन्ध बाघ को
सगोतिया की तरह लगी

किवाड़ों की फाँक से
उसने सबसे पहले देखा बच्चों को
जो आधी नींद में थे
आधे जगे हुए
पुरुष कहीं ओट में बैठा था
पर स्त्री का चेहरा साफ़ दिख रहा था
जो लपट के आगे
और अधिक स्त्री का चेहरा लग रहा था
वे सब आग को
घेर कर बैठे थे

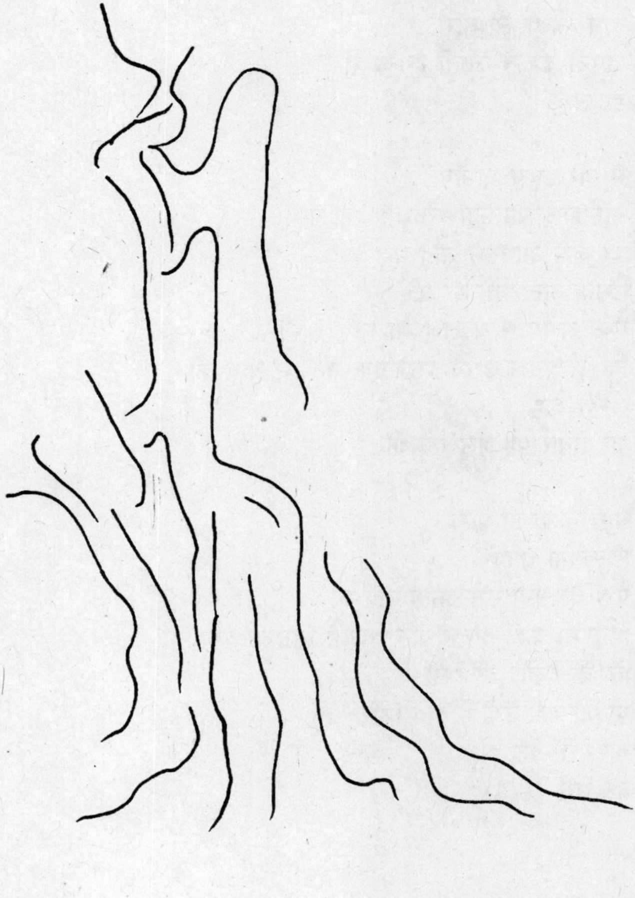

घर के अन्दर का वह सारा दृश्य
बाघ को अद्‌भुत लगा
उसे रहस्यमय लगीं वे धीमी-धीमी ध्वनियाँ
जो आग की लपटों से
छन कर आ रही थीं
बाघ को पहली बार
अपनी देह से उठती दुर्गन्ध से
डर लगा

मैं मार डाला जाऊँगा
मार डाला जाऊँगा—सोचता रहा वह
पर जैसे आग के जादू ने
उसके अन्दर के डर को
एक अभय में बदल दिया था
कि अचानक उसने देखी एक मरे हुए बाघ की
लम्बी देह
जो दीवार पर झूल रही थी

बाघ ने पहली बार
चिल्लाना चाहा
पर चिल्लाना उसे आता नहीं था
फिर भी कहीं अन्दर जैसे चिल्ला रहा था वह
कि वो देखो...वो देखो
वो जो वहाँ टँगी है दीवार पर
वह मेरी—हाँ, हाँ
वह मेरी देह है!

सोलह

हवा का
एक सुगन्ध-भरा झोंका आया
और बाघ जोकि उस समय कहीं पिंजरे में था
ज़रा सिहरा
शायद जंगल में आम पक रहे हैं
उसने सोचा

फिर बदन ज़रा ढीला किया
नासा-पुटों को थोड़ा फैलाया
और एक ज़ोर की साँस ली
पृथ्वी-भर लम्बी
और हो गया
चित्त!

सत्रह

आम तौर पर गरिमा
एक शब्द से ज़्यादा कुछ नहीं होती
पर वहाँ वह एक आग थी
एक भयानक सन्तुलन
एक असह्य दुर्गन्ध
जो उसके पूरे शरीर से उठ रही थी

और वह अपनी परिधि के
सैकड़ों चक्कर लगा चुकने के बाद
अब मानो अपने ही वजूद की व्यर्थता से थक कर
अपने उसी सीख़चे की टेक लिये खड़ा था
जिसमें वह बन्द था
और अपनी लम्बी खुरदुरी जीभ से
अपने पुट्ठों का नमक
बार-बार चाट रहा था

इस क्रिया में
वह इतना अकेला था
और फिर भी इतना तल्लीन
कि उस समय
मुझे आदमी से अलग नहीं लगा वह।

अठारह

उन्हें डर है कि एक दिन
नष्ट हो जायेंगे सारे-के-सारे बाघ
कि एक दिन ऐसा आयेगा
जब कोई दिन नहीं होगा
और पृथ्वी के सारे-के-सारे बाघ
धरे रह जायेंगे
बच्चों की किताबों में

मुझे भी डर है
पर मुझे एक और भी डर है
बाघ से भी ज़्यादा चमकता हुआ डर
कि हाथ कहाँ होंगे
आँखें कहाँ होंगी जो पढ़ेंगी किताबें
प्रेस कहाँ होंगे जो उन्हें छापेंगे
शहर कहाँ होंगे
जहाँ ढलेंगे टाइप
पन्ना कहाँ होगा जिस पर 'क' के बाद
कहीं से उछलता-कूदता
आ जाएगा 'ल' या 'श'
जिसे हवा सुनेगी
और अपनी स्मृति में गढ़ लेगी
एक पूरा-का-पूरा शब्द
जिसे पत्ते दुहरायेंगे

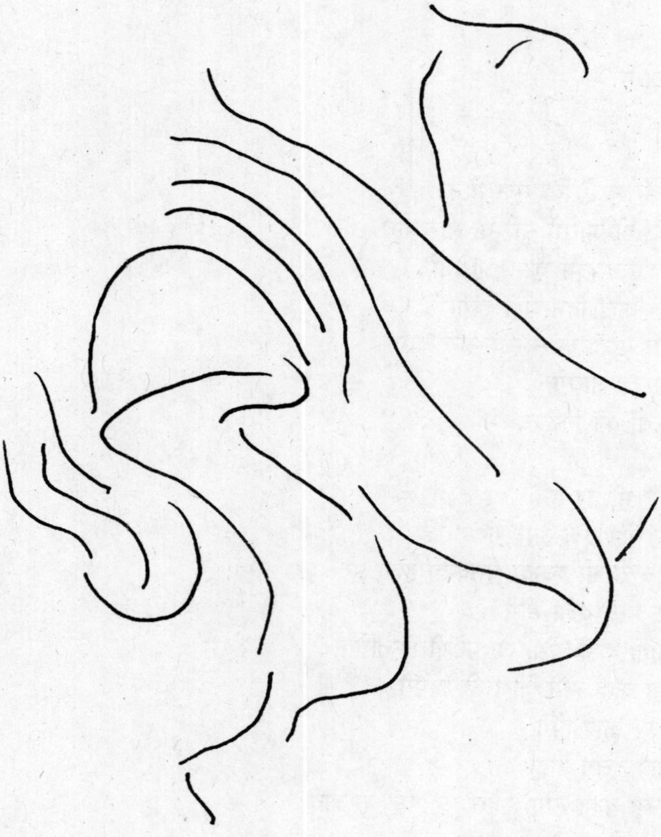

और जो पृथ्वी के किन्हीं अदृश्य तारों से
होता हुआ
किसी सुदूर हस्पताल की खिड़की के नीचे
एक मरते हुए आदमी के होठों तक पहुँच कर
चुपके से बन जायेगा
एक छोटा-सा मीठा-सा
जीने का गीत

मुझे डर है
एक बेहद सीधा
और सादा-सा डर
कि डर कहाँ होगा?

उन्नीस

जब सूरज डूब रहा था
एक आदमी खड़ा था शहर की सबसे ऊँची
मीनार पर
और चिल्ला रहा था–
दोस्तो, यह सदी बीत रही है
बीत रहे हैं सारे पहाड़ और नदियाँ
और हावड़ा का पुल
और हवाई जहाज़ के डैने
और बुनते हुए हाथ
और चलते हुए पैर
सब बीत रहे हैं
पर दोस्तो, हमें जीना होगा
जीना होगा बाघ के साथ
और बाघ के बिना भी जीना होगा

जीना होगा
जैसे पानी जीता है
जैसे पत्थर जीता है
जीना होगा

जीना होगा
रस्सी से झूल कर
वधस्थल से लौट कर
जीना होगा

समय
चाहे जितना कम हो
स्थान
चाहे उससे भी कम
चाहे शहर में बची हो
बस उतनी-सी हवा
जितनी एक साइकिल में होती है
पर जीना होगा

जीना होगा
और यहीं
यहीं
इसी शहर में जीना होगा
इंच-इंच जीना होगा
चप्पा-चप्पा जीना होगा
और जैसे भी हो
यहाँ से वहाँ तक
समूचा जीना होगा

वह आदमी उस शहर में
जिस सबसे ऊँची मीनार पर खड़ा था
वह असल में कहीं थी ही नहीं।

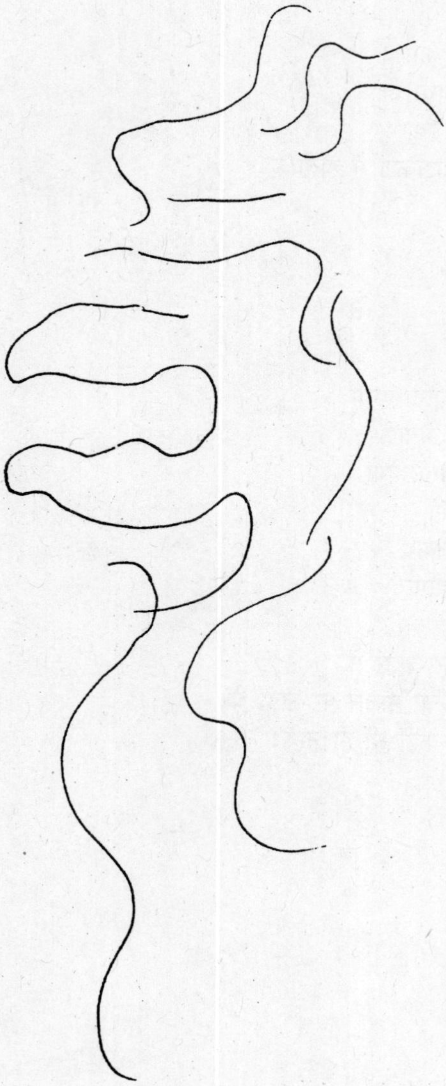

बीस

और अगले दिन शहर में
फिर आ गया बाघ
इस बार दिन-दहाड़े
एक सुन्दर
आग की तरह लपलपाता हुआ बाघ
न कहीं डर न भय
सुन्दर बाघ एक चलता-फिरता जादू था
जिसने सबको बाँध रखा था

वह लगातार चल रहा था
और चूँकि वह चल रहा था
इसलिए सुन्दर था
और चूँकि वह सुन्दर था इसलिए कहीं कोई डर था न भय

प्रार्थना में बाघ था
बच्चे स्कूल में पढ़ रहे थे बाघ
लोग आराम से बाघ खा रहे थे
बाघ पी रहे थे
माचिस के अन्दर
चाय की प्याली में
टी.वी. के स्क्रीन पर चल रहा था बाघ

किसी ने देखी

सिर्फ़ उसकी आँखें
किसी ने धारियाँ
किसी को दिख गये पूरे जबड़े
किसी को हिलते हुए मांसल पुट्ठे

पूरा बाघ किसी ने नहीं देखा
पर मानो सब कृतज्ञ थे
उस महान सूर्य के
कि दिन-दहाड़े
जब सब लगे थे अपने-अपने काम में
तो सब को थोड़ा-थोड़ा
दिख गया बाघ!

इक्कीस

मित्रो,
इस तरह ऋतु-चक्र पूरा हुआ
और चक्र में
सिर्फ़ एक गति होती है
जो चलती ही रहती है निरन्तर
चक्र के चक्र होने के विरुद्ध

अब इसमें बाघ आ गया
तो आ गया
उसका मैं कुछ नहीं कर सकता था
सिवा गोली मार देने के
और वह मुझे मंज़ूर नहीं था

क्योंकि उसका आना एक सूचना है
कि हवा अभी है
और पानी कहीं उसी तरह
बह रहा है

पर मित्रो, बाघ ही तो है
कहते हैं सदियों पहले
वह एक शाम आ गया था
वैयाकरण पाणिनि की भाषा की कुटी में

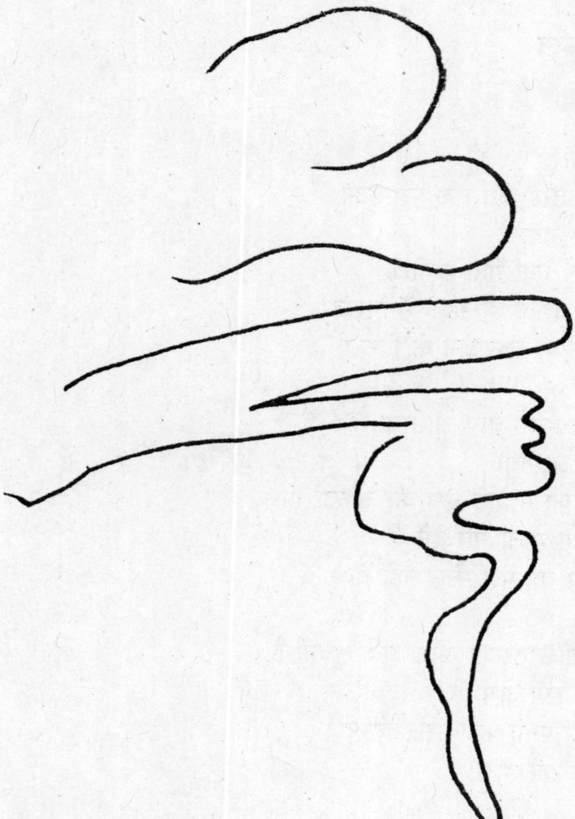

कोई टटका सूत्र
किसी पुरातन भोजपत्र की गन्ध से
उलझ गया था
जिसे सुलझाते हुए बैठे थे वे
कि बाहर सुनाई पड़ी
गुर्राने की आवाज़

वैयाकरण ऋषि के लिए
यह एक बिलकुल नयी समस्या थी
क्योंकि उनकी स्मृति में जितने भी सूत्र थे
उनमें से किसी में वह आवाज़
अँटती ही नहीं थी

सो वे बाहर निकले
और बाघ की ओर उँगली उठाते हुए कहा
अशुद्ध!
एकदम अशुद्ध बोलते हो!

इसके बाद क्या हुआ
जनश्रुति यहाँ चुप है
पर उसमें एक बड़ा-सा छेद है
जहाँ से एक तेज़ ग़ुर्राहट के
भाषा की उस कुटी में धीरे-धीरे डूबने की आवाज़
देर तक सुनाई पड़ती है...

अन्त में मित्रो,
इतना ही कहूँगा
कि अन्त महज़ एक मुहाविरा है
जिसे शब्द हमेशा
अपने विस्फोट में उड़ा देते हैं
और बच रहता है हर बार
वही एक कच्चा-सा

आदिम मिट्टी-जैसा ताज़ा आरम्भ
जहाँ से हर चीज़
फिर से शुरू हो सकती है

फिर से खड़िया
ककहरा फिर से
फिर से गिनती सौ से शून्य की तरफ़
सूर्यास्त से धूप-घड़ी की तरफ़
समय फिर से

यह 'फिर' भी
फिर से।

बाघ : एक प्रतिवेशी प्रतिक्रिया

''...'बाघ' कविता ने अद्‌भुत ढंग से झकझोरा। सोचता रहा 'बाघ' है क्या? क्या वह कोई प्रतीक है या कोई विराट बिम्ब, जिसमें अनेक चित्र और रूपक समाहित हो जाते हैं। असल में हम 'बाघ' को तीन या चार धरातलों पर पढ़ सकते हैं–बाघ जो था, बाघ जो अब नहीं है, बाघ जिसकी हमें तलाश है और उससे भी अधिक महत्वपूर्ण वह जो बाघ कभी था ही नहीं। तलाश का यह सम्मोहन-भरा रूपक इन चार धरातलों पर कार्य करता हुआ अन्ततः हमें एक ऐसी अन्तरिम स्थिति में बाँधे रहता है, जहाँ वे चारों धरातल एक साथ सक्रिय होते हैं। एक विलक्षण बात यह है कि यह अन्तरिम स्थिति सन्देह की नहीं, बल्कि एक सत्य के साक्षात्कार की होती है जो जन्म लेता है वास्तविक और 'प्रतीयमान' की अन्तःक्रिया के तनाव से, जिसे हमारे जीवन के संवेदनशील तन्तु निरन्तर झेलते हैं। 'बाघ' की पूरी बनावट को उसकी आधारभूत नाटकीयता यहीं से मिलती हैं

इस ढलती हुई शताब्दी के इस अन्धे मोड़ पर 'बाघ' दरअसल समय के विध्वंसों के ख़िलाफ़ मनुष्य के संघर्ष की लोकगाथा है। कई बार लगता है–और कविता का हर टुकड़ा इस गुंजाइश को कहीं-न-कहीं बचाये रखता है–कि वस्तुतः यह मायावी समय ही 'बाघ' है–या हमारी चेतना, हमारा प्रेम, हमारा भोलापन, हमारा नैराश्य यानी वह अपरिवर्त्य तलछट जो हमेशा बची रहती है। मुझे लगता है कि बाघ जो शहर का तिरस्कार करता है, वह दरअसल हमारी विकृति को तिरस्कृत करता हुआ हमारा अपना प्रेम है। बाघ जहाँ मिथक की ओट खोजता हे, वहाँ वह जैसे हमारी ही दो फाँक चेतना का एक अंश है। हरे खेत के लाल ट्रैक्टर से ईर्ष्या करने वाला बाघ जीवन के प्रति हमारी लालसा का दूसरा नाम है। आदमी की प्यास और उदासी के अर्थग्राम के सम्मुख लाचार खड़ा बाघ हमारी हताशा है और किसी पुरातन संगीत से विस्मय-विमुग्ध बाघ मानो हमारा अपना ही भोलापन। अनुाव की अँधेरी कन्दराओं में रहनेवाला बाघ ही दरअसल, 'सच्चा बाघ' है–ऐन्द्रिक, जादुई और अकेला। जिसकी 'बाघ' के कवि को तलाश है, वह यह सब तो है ही–पर इन सबके सिवा कुछ और

भी है और वही कुछ और कविता के सच को अर्थवान बनाता है और अनन्त सम्भावनाओं के द्वार खोलता है...।

'बाघ' कई अर्थों में एक महत्वपूर्ण कविता है। कविता के अन्त में जब बाघ की गुर्राहट थमती है तो कविता का जादू एक बार और हमारे सिर चढ़ कर बोलता है और यहीं से शुरू होती है शून्य के महावृत्त में शब्दों की सामूहिक झंकृति की बृहत्तर यात्रा...।''